관찰과 체험은 과학을 배우고 이해하는 최고의 방법입니다!
어린이책 작가 **세실 쥐글라(Cécile Jugla)** 역시,
이런 생각으로 OOO 시리즈를 기획했어요.
이 시리즈에는 지금껏 몰랐던 흥미진진한 사실이
한가득 담겨 있어요.

프랑스 파리의 어린이과학박물관
시테 데 장팡(Cité des enfants)을 설립하고,
팔레 드 라 데쿠베르트(Palais de la Découverte)의
관장을 지낸 **잭 기샤르(Jack Guichard)**는
중요한 과학 이론을 누구나 알기 쉽고 생생하게
설명하고자 늘 고민하고 있습니다.

삽화가 **로랑 시몽(Laurent Simon)**은
어린이와 청소년 책에 들어가는 그림을 그려요.
이따금 이런 책에 글을 쓰기도 해요.
과학책이나 생활에 유익한 책에 그림을 그릴 때가
가장 행복하다고 해요.

옮긴이 **김세은**은
중앙대학교 불어불문학과를 졸업하고,
현재 번역 에이전시 엔터스코리아에서
출판기획자 및 전문번역가로 활동하고 있어요.

종이가 싹둑싹둑

초판 1쇄 인쇄 2020년 12월 1일   초판 1쇄 발행 2020년 12월 7일

글 세실 쥐글라, 잭 기샤르   그림 로랑 시몽   옮김 김세은

펴낸이 이상순   **주간** 서인찬   **편집장** 박윤주   **제작이사** 이상광
디자인 유영준   **마케팅홍보** 신희용   **경영지원** 고은정

펴낸곳 (주)도서출판 아름다운사람들   **주소** (10881) 경기도 파주시 회동길 103
대표전화 031-8074-0082   **팩스** 031-955-1083   **이메일** books777@naver.com

ISBN 978-89-6513-627-9 77400

La science est dans le Papier
© 2020 Editions NATHAN, SEJER, 25 avenue Pierre de Coubertin, 75013 Paris, France.
Korean Translation © BeautifulPeople 2020 All rights reserved.
This translation of La science est dans le Papier is published by arrangement with Nathan through KidsMind Agency, Korea.

이 책의 한국어판 저작권은 키즈마인드 에이전시를 통해 Nathan과 독점 계약한 (주)도서출판 아름다운사람들에 있습니다.
신 저작권법에 의해 한국 내에서 보호를 받는 저작물이므로 무단전재와 복제를 금합니다.

이 도서의 국립중앙도서관 출판예정도서목록(CIP)은 서지정보유통지원시스템(http://seoji.nl.go.kr)과
국가자료종합목록구축시스템(http://kolis-net.nl.go.kr)에서 이용하실 수 있습니다. (CIP제어번호 : CIP2020046205)

종이가 싹둑싹둑

글 세실 쥐글라, 잭 기샤르 **그림** 로랑 시몽 **옮김** 김세은

아름다운사람들

차례

8   **종이의 요모조모 알아보기**

10   **종이는 어떻게 만들까?**

12   **비밀 편지 쓰기**

14   **종이로 바나나 썰기**

16   **종이 모자 만들기**

18   **종이꽃 활짝 피우기**

20   잉크가 종이를 타고 올라가게 하기

22   종이 날리기

24   종이는 얼마나 단단할까 실험해보기

26   두 책을 찰싹 붙이기

28   재활용 종이 만들기

종이의 요모조모 알아보기

부모님이 쓰시는 컴퓨터 프린터를 보세요.
종이 넣는 통에 종이가 들어있죠?
종이를 자세히 살펴볼까요?

> 종이를 흔들어봐.
> 소리가 꽤 크게 나.
> 높고 가벼운 소리야.

종이는 무슨 모양인가요?

동그라미 | 길쭉한 동그라미 (타원형) | 길쭉한 네모 (직사각형) | 정사각형 | 복잡한 모양

정답: 길쭉한 네모(직사각형)

종이는 어떤 느낌이 드나요?

매끄러워요.
까끌까끌해요.
반짝임이 없어요.
반짝거려요.
향기가 나요.
오돌토돌해요.
빳빳해요.

> 종이를 반으로 접어 흔드니까 소리가 덜 나네.
> 낮고 묵직한 소리야.

종이는 어디에서 나올까요?

밭에서 딴다

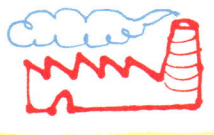
공장에서 만든다

캥거루가 만든다

정답: 세가지모두 공장에서 기계로 만들어요.

다음 가운데 종이로 만들지 않은 한 가지를 고르세요.

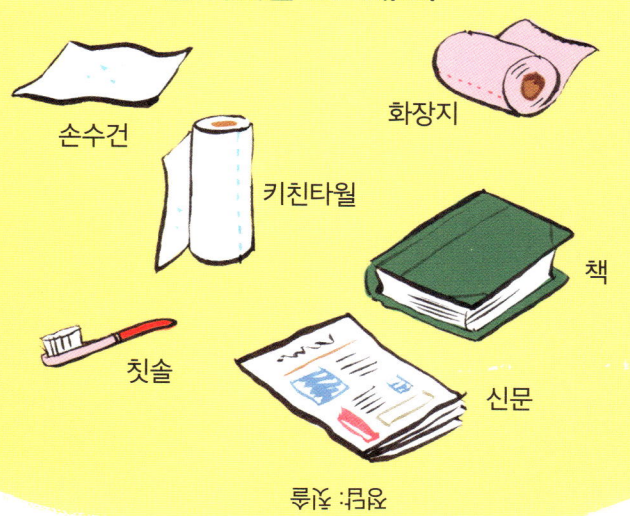

손수건

화장지

키친타월

책

칫솔

신문

정답: 칫솔

이제 종이가 무엇인지 좀 알겠죠?
얼른 다음 페이지로 넘겨서 더 많이 알아봅시다.

종이는 어떻게 만들까?

휴대전화 조명으로 80g짜리 A4 용지를 비춰봐.

오, 속이 훤히 보여. 회색 무늬가 나 있어.

이 무늬는 뭘까요?
'섬유'라고 하는 아주 작은 실들이 얽혀 있는 거랍니다.

오, 신기해!
옷감이나 식물, 말똥으로도 종이를 만들 수 있어요. 섬유가 들어있으면 뭐든지 가능해요!

종이는 무엇으로 이뤄져 있을까요?
나무를 대패로 밀어서 얻는 아주 작은 나뭇조각들이에요.
이 나뭇조각은 '셀룰로오스'라고 하는 '섬유'로 이뤄져 있어요.

종이 속 섬유는 어떤 방향으로 짜여 있을까?

"종이를 찢어보면 알 수 있어."

"세로로 찢어볼게."

"난 가로로 찢어보겠어."

일자로 쭉 찢어져요.
섬유가 짜인 방향과 같은 방향으로 찢었기 때문이에요.
종이의 섬유는 거의 다 세로로 짜여 있어요.

비스듬하게 찢어져요.
섬유가 짜인 방향으로 가려는 성질 때문이랍니다.
손수건으로 해봐도 결과는 똑같아요. 정말 신기하죠?

대단해요.
종이의 구조를 속속들이 알아냈어요!

비밀 편지 쓰기

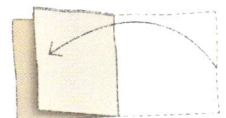 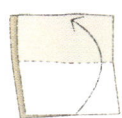

종이를 반으로 접고
또 반으로 접어요.

글씨가 안 보여요.

글씨가 왜 안 보일까요?

종이를 접으면 두꺼워지는데, 이렇게 종이의 섬유가 몇 겹으로 포개지면 햇빛이 뚫고 들어가기 힘들어요. 종이가 불투명해지기 때문이에요.

"아무도 모르게 비밀 편지를 갖다 드려, 어서!"

"호호, 비밀이라고? 얼마 후 밝혀질 텐데!"

"조명에 편지를 갖다 대니까 글씨가 보여."

사탕은 꽃병 속에 있습니다.

오, 신기해!

종이돈을 햇빛이나 조명 불빛에 비춰보면 숨어있던 그림이 나타나요. 유럽에서 쓰는 유로화 종이돈에는 에우로페* 여신이 숨어있답니다.

• 에우로페(Europe): 그리스 신화에 나오는 여성으로 에우로페의 이름을 따서 유럽이라는 지명이 붙여졌답니다.

조명 밑에서는 어떻게 글씨가 보일까요?

조명에서 나오는 빛은 아주 강해서 몇 겹 포개진 섬유도 뚫고 들어갈 수 있어요. 종이가 투명해지기 때문이에요.

훌륭해요! 같은 종이라도 어떤 빛을 받느냐에 따라 투명해지기도 하고 불투명해지기도 한다는 사실을 알아냈어요.

 # 종이로 바나나 썰기

잡지를 오려서
종이 띠를 만들게.

4cm

난 바나나
껍질을 벗길게.

먹지는 마!

종이 모자 만들기

잘 접히는 색종이를 준비하세요.

직사각형 종이를 반으로 접고 양쪽 모서리를 가운데로 접어 내려요.

아래쪽 안 접힌 부분을 위로 접어 올려요.

작지만 알찬 지혜

종이가 접힌 자국을 더 또렷하게 내려면 손톱이나 칼등으로 꾹 눌러주세요.

"뒤쪽도 똑같이 접어 올려요."

"짜잔, 멋진 종이 모자가 완성됐어요!"

"난 헝겊 냅킨으로 만들었는데 흐느적거려서 잘 안 써져."

종이는 어떻게 접힌 채로 가만히 있을까요?

종이를 접으면 접힌 부분의 안쪽 섬유는 부러지고 바깥쪽 섬유는 늘어나서 접힌 상태를 유지할 수 있어요. 접힌 부분은 쉽게 찢어진답니다.

종이접기 기술까지 정복하다니 대단하군요. 이번 실험에서는 종이를 접으면 종이의 섬유가 부러진다는 사실을 알아냈어요.

종이꽃 활짝 피우기

물 위에서 종이꽃이 핀 까닭은?

종이가 접힌 부분의 섬유는 뭉개져 있는데 이 **뭉개진 섬유** 속으로 **물이 스며들면** 섬유가 부풀면서 접힌 부분이 **다시 펼쳐지기** 때문이에요.
신문지의 섬유는 물을 곧바로 빨아들이지만 흰 종이의 섬유는 겉에 코팅이 되어 있어서 물을 천천히 빨아들여요.

모세관 현상을 이해하다니 굉장하네요.
종이의 섬유 속으로 물이 빨려 들어가는 것이 바로 모세관 현상 때문이랍니다.

잉크가 종이를 타고 올라가게 하기

"종이타월 끄트머리를 흰색 식초에 살짝 적셔. 잉크 쪽에는 안 닿게 해야 해."

"오호, 식초 때문에 잉크가 종이를 타고 위로 올라가네!"

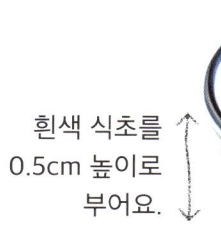

흰색 식초를 0.5cm 높이로 부어요.

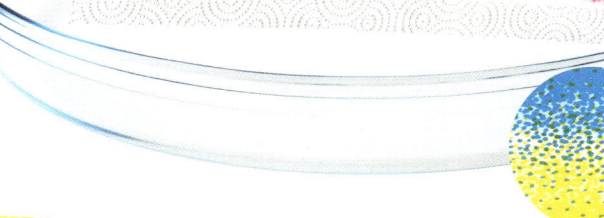

잉크 색깔이 바뀌었어요. 초록색 잉크가 노란색과 파란색으로 나뉘어요.

잉크가 종이를 타고 올라가고, 올라가면서 색깔이 바뀌는 까닭은 무엇일까요❓

식초가 잉크를 끌고 올라가면서 잉크 속 색소들을 갈라놓기 때문이에요. 무게가 가장 가벼운 색소가 가장 높이 올라가요.

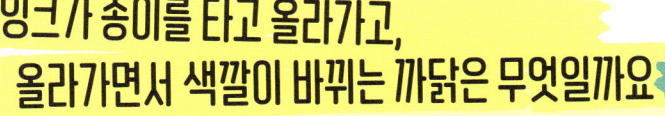

이번에는 색소에 따라 종이에 스며드는 정도가 다르다는 사실을 실험했어요.

종이 날리기

같은 종이인데 나는 속도가 왜 다를까요?

공 모양으로 뭉친 종이는 겉면이 매우 작아서 공기 저항을 거의 안 받기 때문에 빨리 날아요.

몇 번 접은 종이는 겉면이 작아서 공기 저항을 조금 받기 때문에 천천히 날아요.

한 번도 안 접은 종이는 겉면이 넓어서 공기 저항을 많이 받기 때문에 잘 못 날아요.

야호, 종이공 만만세!

작지만 알찬 지혜

종이비행기를 만들어보세요. 훨씬 빨리 날 거예요. 비행기는 뾰족한 모양이라 공기 속으로 쉽게 뚫고 들어가거든요. 이처럼 공기 저항을 적게 받는 모양을 가리켜 유선형이라고 합니다.

종이가 받는 공기 저항을 줄여서 종이의 비행 속도를 빠르게 하는 방법을 알아냈어요.

종이는 얼마나 단단할까 실험해보기

A4 종이를 4장 준비하세요.

긴 쪽으로 2번 말아서 원통 기둥을 만들어주세요.

4cm
21cm

말린 끝에 스카치테이프를 붙여주세요.

오, 신기해!
골판지라는 종이로 의자도 만든답니다. 골판지는 두꺼운 판지 사이에 물결처럼 골이 진 종이가 붙어 있어서 매우 튼튼해요.

종이는 어떻게 무거운 책을 지탱할 수 있을까요?

펼친 종이는 약하지만 원통 모양이 되면 탄탄하고 빳빳해지기 때문이에요.

두 책을 찰싹 붙이기

두 책은 왜 안 떨어질까요?

책의 속장은 꺼끌꺼끌한 종이로 되어 있어서 종이끼리 맞닿으면 오돌토돌한 돌기들이 갈고리처럼 걸려서 찍찍이처럼 달라붙게 됩니다. 서로의 움직임을 방해하는 힘, 즉 마찰력이 발생하는 것이죠. 게다가 깍지처럼 꼭 끼워놓았으니 더욱 단단히 맞물려 있게 됩니다.

작지만 알찬 지혜

잡지 2권으로 실험해보면 어떨까요. 잡지는 속장이 미끄러운 종이(반짝거리고 매끈한 종이)로 되어 있어서 종이가 서로 밀어내는 힘 때문에 잘 떨어져요.

천재네요!
종이 사이에 생기는 마찰력이 종이를 갈고리처럼 걸고 걸리게 한다는 사실을 알아냈어요.

재활용 종이 만들기

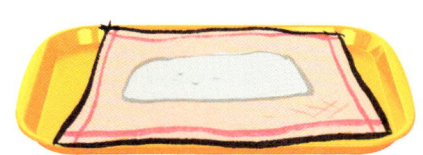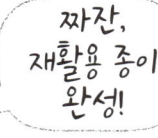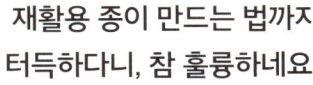